INHALT

DIE ENTSTEHUNG DES MEERES

MOND AUS TRÜMMERN

Bei dem Aufprall des Himmelskörpers auf die Erde entstanden jede Menge Trümmer. Aus ihnen bildete sich vermutlich unser Mond.

DIE ERDE …

Wenn du dir heute Aufnahmen der Erde aus dem Weltall ansiehst, stellst du fest, dass ein Großteil unseres Planeten blau ist. Das sind die Ozeane, die circa 71 Prozent (oder anders ausgedrückt: ungefähr drei Viertel) der Erdoberfläche bedecken. Deshalb wird die Erde auch „der blaue Planet" genannt. Als er vor rund fünf Milliarden Jahren aus Staub- und Gesteinsteilchen entstand, war von Wasser allerdings noch keine Spur.

| 500 Millionen Jahre | 300 Millionen Jahre |

⊙ ... EIN FEURIGES MEER

Durch einen Himmelskörper, halb so groß wie die junge Erde selbst, der vor viereinhalb Milliarden Jahren auf die Erde zuraste und auf der Oberfläche einschlug, entstand eine gewaltige Hitze. Sie war so enorm, dass sich der ganze Planet in einen riesigen Ozean aus flüssigem, geschmolzenen Gestein verwandelte. Die ganze Erde kochte und brodelte, und es dauerte sehr, sehr lange, bis sie so weit abkühlte, dass sich eine dünne Kruste bilden konnte.

⊙ EINSCHLÄGE UND AUSBRÜCHE

Lange Zeit prasselten Gesteinsbrocken aus dem All auf die Erde nieder, durchbrachen die empfindliche Kruste und lösten Vulkanausbrüche aus. Dabei entwichen Gase und Wasserdampf, die sich zu Wolken verdichteten und die Atmosphäre bildeten.

⊙ WASSER MARSCH!

Und jetzt kommt endlich das Wasser ins Spiel. Denn als die Erde weiter abkühlte, verwandelte sich der Wasserdampf in Wasser und es begann zu regnen. Was bei einem Wolkenbruch passiert, hast du vielleicht schon einmal selbst erlebt. Es schüttet wie aus Kübeln und aus Rinnsalen werden im Nu Bäche oder sogar reißende Flüsse. Bei der riesigen Wasserfläche auf der Erde ging das allerdings nicht von heute auf morgen. Es regnete unvorstellbare Jahrtausende lang ohne Unterbrechung.

⊛ PROBIERE ES AUS!

Stelle das nächste Mal, wenn es bei dir regnet, eine Schüssel ins Freie. Beobachte, wie lange es dauert, bis sie voll Wasser ist. Wie viel Regen hast du in dieser Zeit aufgefangen?

200 Millionen Jahre

⊙ SENKEN, RINNEN, SCHLUCHTEN

Die Erde kühlte nicht an allen Stellen gleich schnell ab. Bereits feste Gesteinsschichten sanken in noch weiche Schichten ein und so entstand eine ganz unregelmäßige Oberfläche mit vielen Dellen, Löchern, Furchen, Rinnen und tiefen Schluchten. Sehen kannst du die meisten von ihnen nicht, denn sie liegen heute zum Teil viele Kilometer unter der Wasser- oberfläche in der Tiefsee.

⊙ VOM WELTMEER ZU DEN OZEANEN

Die Ozeane, wie du sie kennst, entstanden zusammen mit den heutigen Kontinenten. Diese waren zuerst in einem riesigen einzigen Kontinent vereinigt. Er wird Pangäa genannt. Diesen Urkontinent umspülte das Weltmeer Panthalassa. Als Pangäa in einen Nord- und Südkontinent zerbrach und diese zwei Bruchstücke in weitere Teile zerfielen und auseinanderdrifteten, bildeten sich mehrere Ozeanbecken. Jedes von ihnen bekam einen eigenen Namen.

⊙ OZEAN ODER MEER?

Der Name Ozean bezeichnet eine große, zusammenhängende Wasserfläche, die auch Weltmeer genannt wird. Ozeane sind die größten Meere der Erde. Meere sind kleiner als Ozeane und umgeben die Kontinente.

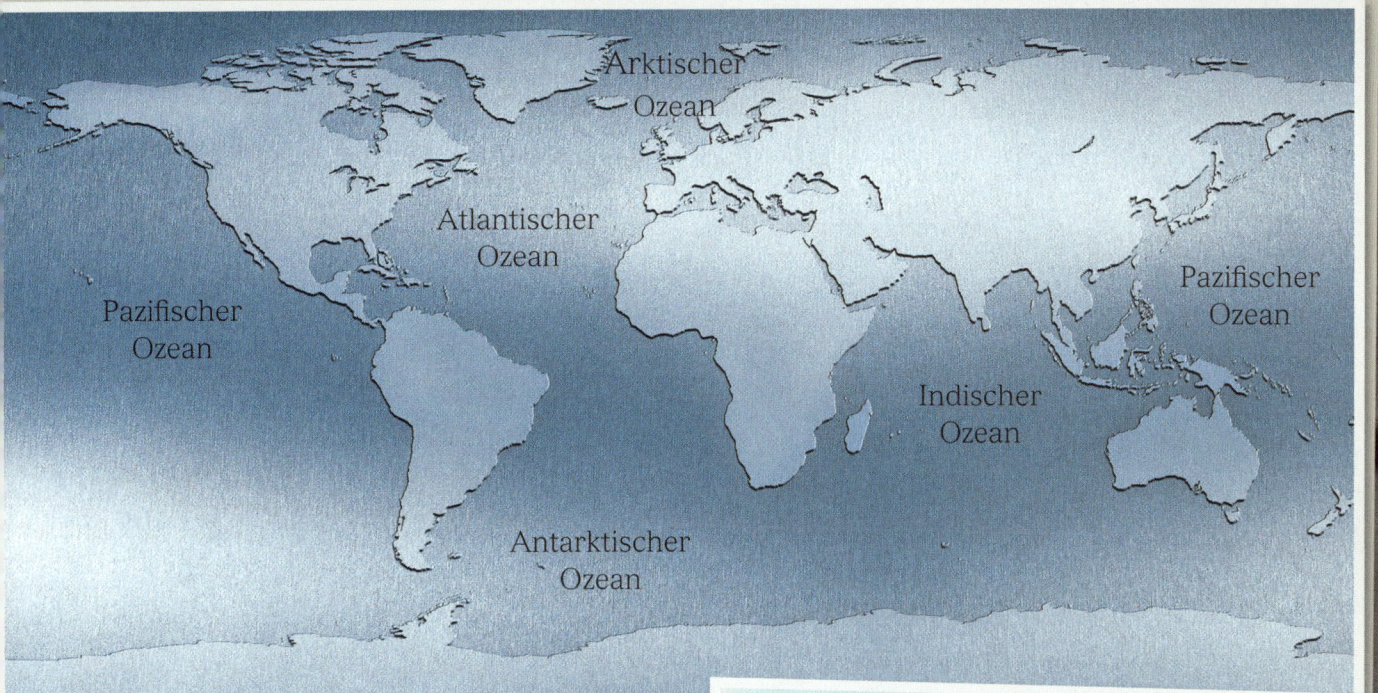

⊙ DIE OZEANE DER WELT

Auf der Erde gibt es insgesamt fünf
Ozeane: den Pazifischen Ozean (Pazifik), den Atlantischen Ozean (Atlantik),
den Indischen Ozean sowie den
Arktischen und Antarktischen Ozean.
Der Pazifik ist der größte und zugleich
tiefste unter ihnen. Selbst der höchste
Berg der Welt, der 8848 Meter hohe
Mount Everest, würde in ihm
vollständig versinken und hätte
noch mehr als zwei Kilometer Luft
nach oben. Mehr als die Hälfte des
Weltwassers ist im Pazifik gespeichert.

MEHR MEERE

*Auch heute können noch Meere
entstehen, denn die Kontinente
driften weiterhin auseinander.
Zu beobachten ist das zum Beispiel
im Osten Afrikas. Wenn dort in
einigen Millionen Jahren die
Somaliaplatte abbricht, entsteht
dort auch ein neues Meer.*

⊙ MEERE DER WELT

Neben den Ozeanen gibt es um die 80
Meere. Wissenschaftler bezeichnen sie
als Neben- oder Randmeere, wenn sie
zum Beispiel durch Inselketten vom
Hauptmeer getrennt sind oder sich am
Rand von Kontinenten befinden. Einige
Meere, wie Nord- und Ostsee oder das
Mittelmeer, kennst du sicher.

WASSER

Wasser besteht wie alles andere auf der Welt aus kleinen Bausteinen, die Moleküle genannt werden. Die Zusammensetzung der Moleküle lässt sich in einer Formel darstellen. Wasser hat die Formel H_2O. Es besteht aus zwei Wasserstoffatomen (H) und einem Sauerstoffatom (O).

WAS IST WASSER?

Wasser kennt jeder. Es ist nass, fließt in Flüssen und aus dem Wasserhahn oder regnet aus den Wolken auf dich herab. An Wasser ist doch nichts Besonderes, denkst du vielleicht. Bei genauerer Betrachtung ist Wasser aber gar nicht mehr so gewöhnlich, denn es verhält sich ganz anders als andere Stoffe in der Natur. Es dehnt sich zum Beispiel nicht nur bei Hitze aus, sondern auch bei Kälte und es kann seinen Zustand von flüssig in fest bis hin zu gasförmig verändern.

SÜSS ODER SALZIG

Wenn du dich beim Baden im Meer schon einmal verschluckt hast, weißt du, dass Meerwasser salzig schmeckt. Das Wasser aus einem Bergbach oder aus der Leitung schmeckt nicht nach Salz und wird deshalb Süßwasser genannt.

⊙ WIE KOMMT DAS SALZ INS MEER?

Ein Teil des Salzes wird durch die Flüsse transportiert, die alle ins Meer münden. Auch im Flusswasser ist nämlich Salz enthalten, allerdings in so kleinen Mengen, dass du es nicht schmeckst. Der weitaus größte Teil wird aus Gesteinen gelöst oder gelangt über unterseeische Vulkane in das Wasser. Wenn ein Teil des Wassers durch Sonneneinstrahlung verdunstet, bleibt das Salz zurück. So kommt es, dass die Meere immer salziger werden.

⊙ VON DER OSTSEE BIS ZUM TOTEN MEER

Wenn du von allen Meeren dieser Erde eine winzige Kostprobe nehmen würdest, fiele dir auf, dass deren Wasser ganz unterschiedlich salzig ist. Die Ostsee ist zum Beispiel mit 0,4 bis 2 Prozent Salzanteil ein schwach salziges Meer, das Tote Meer (heißt zwar so, ist aber kein Meer, sondern ein riesiger See) mit 28 bis 32 Prozent extrem versalzen. Durchschnittlich liegt der Salzgehalt der Ozeane bei circa 3,5 Prozent. Das sind 35 Gramm Salz auf ein Kilogramm Wasser.

🔆 PROBIERE ES AUS!

Löse drei Teelöffel Salz in einer Tasse Wasser. Stelle die Tasse an eine sonnige Stelle und warte ein paar Tage, bis das Wasser vollständig verdunstet ist. Was siehst du?

Gletscher

WASSERZAHLEN

97 Prozent aller Wasservorkommen bestehen aus Salzwasser. Von den verbleibenden 3 Prozent Süßwasser sind nur 0,5 Prozent als Trinkwasser verfügbar. Der Rest ist in Form von Eis und Gletschern gebunden. 80 Prozent aller Süßwasserreserven liegen in der Antarktis.

⦿ WIE WARM IST DAS MEER?

Neben dem Salzgehalt unterscheiden sich Meere auch anhand ihrer Wassertemperatur. In Nähe des Äquators ist das Wasser immer um die 25 Grad warm, ideal zum Baden. In die Arktischen Meere würdest du dagegen kaum deinen Zeh stecken wollen, so kalt ist es dort. Bis zu minus 1,8 Grad Celsius kann das Thermometer dort anzeigen, denn erst ab dieser Temperatur beginnt das Meerwasser zu frieren.

⦿ TIEF ODER FLACH?

Neben der Lage des Meeres entscheidet auch die Meerestiefe darüber, wie warm das Wasser ist. An der Wasseroberfläche ist es am wärmsten. Danach sinkt die Temperatur mit zunehmender Tiefe stark ab, bevor sie sich dann bei circa vier bis zwei Grad einpendelt. Im Schnitt sind die Ozeane und Meere ungefähr 3,5 Grad Celsius kalt.

⊙ WASSER IN BEWEGUNG

Meistens ist das Meer bewegt und Wellen rollen über die Wasseroberfläche, bis sie auf die Küste treffen. Die Wasserhügel entstehen, wenn der Wind über das Wasser streicht. Ist die Wasserfläche sehr groß und der Wind sehr stark, können sich die Wellen bis auf Hochhaushöhe auftürmen. Wellen bilden sich aber auch, wenn unter Wasser ein Vulkan ausbricht oder ein heftiges Erdbeben stattfindet. Und noch ein Phänomen sorgt für Bewegung: die Gezeiten.

⊙ EBBE UND FLUT

Warst du schon einmal an der Nordsee? Dann hast du dich vielleicht darüber gewundert, dass das Wasser mal bis hoch auf den Strand läuft und sich dann wieder weit zurückzieht. Zweimal am Tag gibt es Hochwasser (Flut) und Niedrigwasser (Ebbe). Die Gezeiten entstehen durch die Anziehungskraft des Mondes und der Sonne.

ZENTIMETER ODER METER?

Alle Meere haben Gezeiten, doch sie fallen nicht überall gleich stark auf. An der Ostsee steigt und fällt das Wasser nur wenige Zentimeter, an anderen Küsten liegen zwischen Ebbe und Flut mehr als zehn Zentimeter Unterschied.

Ebbe

11

MEERE DIESER WELT

⊙ PAZIFISCHER OZEAN

Der Pazifik ist der größte Ozean der Welt. Er nimmt fast ein Drittel der gesamten Erdoberfläche ein. Ganz genau sind es 32,67 Prozent. Die tiefste Stelle der Erde heißt „Witjastief 1" und liegt im Marianengraben östlich von den Philippinen. 11.034 Meter geht es dort hinunter. Das ist fast dreimal so tief wie die durchschnittliche Meerestiefe. Sie liegt bei „nur" 3800 Metern.

ZÄHL MAL!

Schau im Atlas oder auf dem Globus nach, wo der Pazifik liegt. Findest du alle Länder, die an diesem Ozean liegen? Kleiner Tipp: Es sind mehr als 40 und unter ihnen sind viele Inselstaaten.

⊙ UNTERWASSERGEBIRGE

Der Meeresboden im Pazifik ist nicht so eben, wie du es vielleicht von der Ost- oder Nordsee her kennst. Viele tiefe Rinnen durchziehen den Meeresgrund und lange Gebirgsrücken erheben sich vom Boden aus. Einige dieser Rinnen sind mit aktiven Vulkanen verbunden. Sie sind Teil des Pazifischen Feuerrings, der den Ozean von drei Seiten umgibt. In diesem Gebiet kommt es häufig zu Ausbrüchen und Erdbeben.

Unterwassergebirge

⊕ ATLANTISCHER OZEAN

Zweitgrößter Ozean der Welt ist der Atlantik, der ungefähr 16 Prozent der Erdoberfläche einnimmt. Auf der Karte findest du ihn zwischen der Arktis im Norden, Europa und Afrika im Osten, der Antarktis im Süden und Nord- und Südamerika im Westen. Auch im Atlantik gibt es viele tiefe Bereiche. Am tiefsten ist es mit 9219 Metern unter dem Meeresspiegel im Milwaukeetief. Dieser liegt im Puerto-Rico-Graben, der sich östlich von der gleichnamigen Insel befindet.

⊕ ATLANTISCHE RANDMEERE

Wie alle Ozeane hat der Atlantik mehrere Randmeere. Einige von ihnen kennst du wahrscheinlich aus dem Unterricht oder du warst selbst schon einmal da. Es sind die Nord- und die Ostsee (als Binnenmeer), das Europäische Mittelmeer, das Norwegische Meer (Europäisches Nordmeer) und der Ärmelkanal.

INSELN IM ATLANTIK

Grönland, Island, die größte Vulkaninsel der Welt, die Britischen und die Kanarischen Inseln, aber auch die zu Portugal gehörenden Azoren und Madeira liegen im Atlantik.

Blick auf den Atlantik

13

⬤ INDISCHER OZEAN

Nach Pazifik und Atlantik ist der Indische Ozean das drittgrößte Weltmeer. Seine Fläche nimmt ungefähr 14,7 Prozent der Erdoberfläche ein. Wie bei den anderen Ozeanen gibt es eine Kurzform seines Namens. Allerdings wird sie selten benutzt, oder hast du schon einmal jemanden vom Indik reden hören? Auf der Karte findest du ihn zwischen dem afrikanischen, asiatischen und australischen Kontinent zum größten Teil auf der Südhalbkugel.

⬤ ARKTISCHE OZEANE

Zwei weitere Weltmeere sind der Antarktische und der Arktische Ozean. Sie werden auch das Süd- und Nordpolarmeer genannt und anhand dieser Namen hast du wahrscheinlich schon eine Vorstellung, wo du sie auf dem Globus findest. Beide Ozeane sind unwirtliche Gegenden mit eisigen Temperaturen und starken Winden, die über die kahlen Flächen fegen.

WICHTIGE NEBENMEERE UND INSELN

Zu den bedeutendsten Nebenmeeren des Indischen Ozeans zählen das Rote Meer und der Persische Golf. Vielleicht hast du auch schon einmal von Madagaskar, Sumatra oder Java gehört? Sie sind die größten Inseln im Indik.

⊗ LAND ODER WASSER?

Wenn du von oben auf einen Globus schaust, siehst du dort den Nordpol und den arktischen Ozean. Er grenzt an die Kontinente Asien, Europa und Nordamerika an. Schaust du dir die Welt von unten an, aus Richtung Südpol, siehst du Land (Antarktika). Diese Landmasse ist vom Südpolarmeer umgeben. Eis bildet sich aufgrund der niedrigen Temperaturen auf beiden Polarmeeren reichlich. In der Antarktis schieben sich die Eismassen bis auf den Ozean hinaus. Gewaltige Eisberge brechen von dem meterdicken Eis ab und treiben ins Meer hinaus.

Antarktika

⚠ WER GEHÖRT DAZU?

Das Nordpolarmeer ist der kleinste aller Ozeane. Für einige Geografen ist er aber gar kein eigenständiger Ozean, sondern „nur" ein Nebenmeer des Atlantiks.

⊗ WENIGER EIS, MEHR GELD

Einige Länder versprechen sich gute Geschäfte, wenn das Eis in der Arktis durch die Klimaerwärmung weiter schmilzt. Neue, kürzere Routen werden dadurch mit dem Schiff befahrbar und Bodenschätze können leichter ausgebeutet werden.

 Wie entstehen Meere?

Fragst du dich manchmal, woher die Meere kommen? Um das herauszufinden, klebe jeweils einen passenden Sticker vom Stickerbogen zum Text auf. Nummeriere die Texte oben links in der richtigen Reihenfolge.

Ein Himmelskörper schlug auf die Erde ein. Es entstand eine gewaltige Hitze. Der Planet verwandelte sich in einen Ozean aus flüssigem Gestein. Nach langer Zeit kühlte die Erde ab und es bildete sich eine dünne Kruste.

Die Erde kühlte sich weiter ab. Der Wasserdampf verwandelte sich in Wasser und es begann zu regnen. Es regnete viele Jahrhunderte lang. So bildete sich auf der Erde eine riesige Wasserfläche.

Der Wasserdampf und die Gase verdichteten sich zu Wolken und die Atmosphäre bildete sich.

Gesteinsbrocken aus dem All schlugen auf die Erde ein. Sie durchbrachen die Kruste und lösten Vulkanausbrüche aus. Dabei bildeten sich Gase und Wasserdampf.

 Wie salzig ist das Meer?

Der Salzgehalt im Meerwasser ist sehr unterschiedlich:
- Der durchschnittliche Salzgehalt der Ozeane liegt bei 35 Gramm Salz auf ein Kilogramm Wasser.
- In der Ostsee liegt der Salzgehalt bei 20 Gramm Salz auf ein Kilogramm Wasser.
- Im Toten Meer kommen etwa 320 Gramm auf ein Kilogramm Wasser.

Ein Esslöffel Salz wiegt etwa 10 Gramm. Verbinde richtig.

Durchschnittlicher Salzgehalt der Ozeane	Salzgehalt der Ostsee	Salzgehalt des Toten Meeres
etwa 2 Esslöffel Salz auf ein Kilogramm Wasser	etwa 32 Esslöffel Salz auf ein Kilogramm Wasser	etwa 3,5 Esslöffel Salz auf ein Kilogramm Wasser

Die Aggregatzustände des Wassers

Wasser kann fest, flüssig oder auch gasförmig sein. Ordne die Sticker vom Stickerbogen passend zu.

fest

flüssig

gasförmig

RÄTSEL DICH SCHLAU!

Suchsel

Findest du die 8 Wörter aus dem Meerreich, die in diesem Buchstabengitter senkrecht, waagerecht oder diagonal versteckt sind? Kreise sie bunt ein!

KONTINENT, SALZ, EISBERG, MEER, OZEAN, NORDSEE, EBBE, PANGÄA

P	K	O	N	T	I	N	E	N	T	T	B	S	E
N	E	Z	M	L	T	R	N	I	T	M	N	A	L
I	R	E	T	B	B	S	E	P	S	A	X	L	V
N	P	A	N	G	Ä	A	R	M	P	B	E	Z	M
E	E	N	C	H	V	R	I	E	B	B	E	W	Z
B	R	T	P	A	E	B	S	E	M	H	V	R	A
N	O	R	D	S	E	E	N	R	T	Z	U	A	G

17

Weißt du das noch?

Kreuze jeweils die richtige Aussage an und klebe den passenden Sticker vom Stickerbogen ein.

1.
- ☐ Die Erde wird auch grüner Planet genannt.
- ☐ Die Erde wird auch blauer Planet genannt.

2.
- ☐ Der riesige Urkontinent wird Pangäa genannt.
- ☐ Der riesige Urkontinent wird Pazifik genannt.

3.
- ☐ Wasser besteht aus zwei Wasserstoffatomen und einem Sauerstoffatom.
- ☐ Wasser besteht aus zwei Sauerstoffatomen und einem Wasserstoffatom.

4.
- ☐ Das Tote Meer ist ein See, der sehr viel Salz enthält.
- ☐ Das Tote Meer ist ein Meer, das sehr viel Salz enthält.

5.
- ☐ In der Antarktis befinden sich 80 Prozent aller Süßwasserreserven.
- ☐ Am Äquator befinden sich 80 Prozent aller Süßwasserreserven.

6.
- ☐ Bewegtes Wasser nennt man Eis.
- ☐ Bewegtes Wasser nennt man Wellen.

7.
- ☐ Bei Flut gibt es Hochwasser.
- ☐ Bei Flut gibt es Niedrigwasser.

8.
- ☐ Bei Ebbe steigt das Wasser.
- ☐ Bei Ebbe zieht sich das Wasser zurück.

18

Kennst du die Ozeane?

Weißt du noch, wie die fünf Ozeane heißen?
Trage ihre Namen in die Weltkarte an der richtigen Stelle ein.

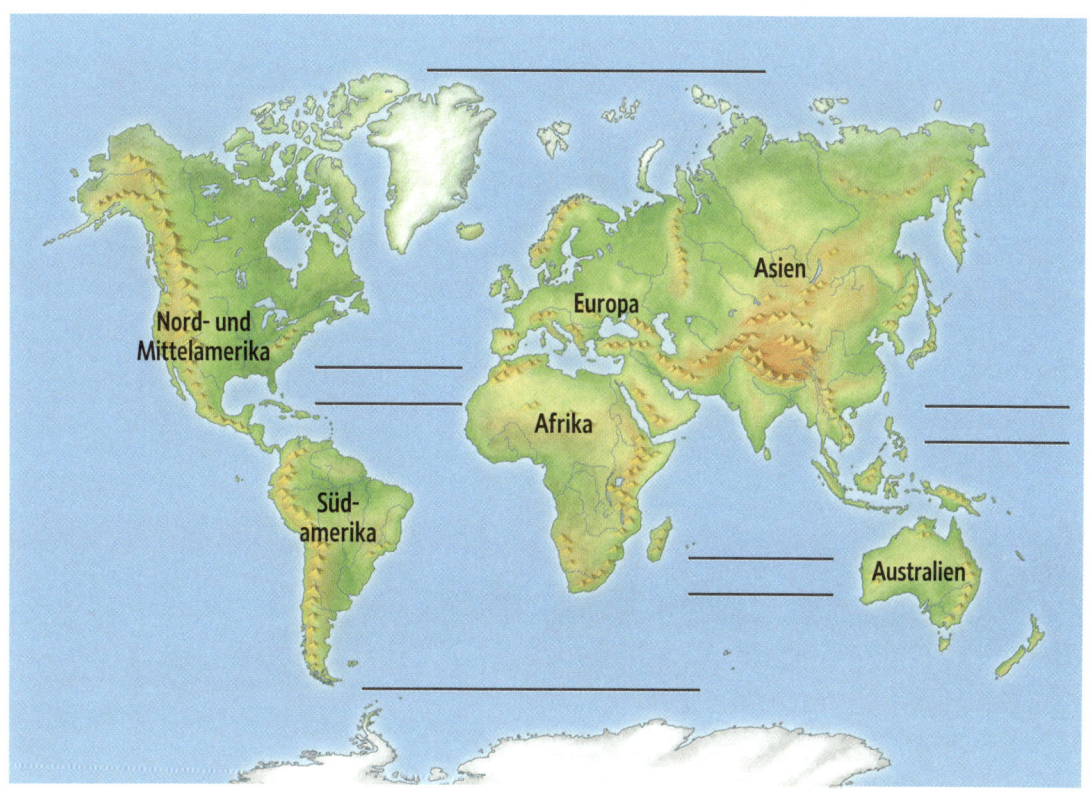

Welcher Ozean ist es?

Verbinde die Beschreibungen mit dem richtigen Ozean und
klebe einen passenden Sticker vom Stickerbogen auf.

In diesem Ozean gibt
es Unterwassergebirge.

Die Nord- und die Ostsee sind
Randmeere von diesem Ozean.

Atlantischer
Ozean

Nordpolarmeer und
Südpolarmeer

Indischer
Ozean

Pazifischer
Ozean

Madagaskar ist eine der größten
Inseln in diesem Ozean.

Diese Ozeane sind häufig
von Eis bedeckt.

HAIE, FISCHE, MEERESSCHILDKRÖTEN

⊙ HAIE: GEFRÄSSIG UND GEFÜRCHTET

Haie haben einen schlechten Ruf. Sie gelten als gefährliche Räuber und gefräßige Monster, die auch vor Menschen nicht haltmachen. Dabei greifen von den mehr als 500 Arten nur die wenigsten Menschen an. Haie machen Jagd auf Fische und andere Meerestiere, einige (Walhai, Riesenhai, Riesenmaulhai) ernähren sich aber auch von Plankton.

⊙ HAMMER, KATZE UND ZITRONE

Haie haben zum Teil recht merkwürdige Namen. Wie der Hammerhai zu seinem kam, ist dir aber sofort klar, wenn du ein Bild von ihm siehst. Zitronenhaie wurden nach ihrer gelblichen Färbung benannt und Katzenhaie nach der Form ihrer Pupille, die bei Lichteinfall ähnlich wie bei Katzen nur noch als schmaler Streifen sichtbar ist.

⊙ BLAUHAI: ZÄHNE OHNE ENDE

Blauhaie werden bis zu vier Meter groß. Von allen Haiarten schwimmen sie die weitesten Strecken. Was ihnen vor die lange Nase kommt, wird gefressen. Sie sind so wenig wählerisch, dass sich in ihren Mägen neben Fischen auch öfter mal Müll von Schiffen findet. Falls sie sich daran die Zähne ausbeißen, macht das nichts, denn sie haben wie ihre Artgenossen ein sogenanntes Revolvergebiss. Fällt ein Zahn aus, schiebt sich einfach ein neuer in die Lücke.

⊙ IN SCHWÄRMEN KOMMEN

Hast du in einem großen Aquarium schon mal einen Fischschwarm beobachtet? Es ist faszinierend, wie schnell und sicher sich die Einzeltiere in der Gruppe bewegen, ohne aneinanderzugeraten. Das funktioniert nur, weil sich die Tiere untereinander verständigen und immer den gleichen Abstand zum Nachbarfisch einhalten. Heringe, Sardinen und Makrelen sind typische Schwarmfische.

Flunder

🛟 KNOCHEN ...

Was schätzt du? Wie viele Fischarten gibt es im Meer? Es sind über 20.000 Arten und die meisten von ihnen zählen zu den Knochenfischen. Wie der Name bereits andeutet, besitzen sie ein verknöchertes Skelett und häufig eine Schwimmblase, mit der sie sich auf- und abbewegen können. Thunfische und Plattfische wie Flundern zählen zu den Knochenfischen.

🛟 ... ODER KNORPEL?

Knorpelfische haben anstelle von Knochen biegsame Knorpel. Als Raubfische ernähren sie sich ausschließlich von anderen Tieren. Da sie keine Schwimmblase haben, müssen sie immer in Bewegung bleiben, sonst sinken sie auf den Grund. Haie, Rochen und Seedrachen sind Knorpelfische.

Mondfisch

🔦 SCHWERGEWICHT

Der schwerste Knochenfisch kann über eine Tonne wiegen und mehr als drei Meter lang werden. Der Mondfisch, auch „Schwimmender Kopf" genannt, sieht aus, als hätte man vergessen, ihm einen Hinterleib zu geben. Der unförmige Fisch ist kein besonders guter Schwimmer. Er ist vorwiegend in warmen tropischen und subtropischen Gewässern unterwegs, wurde aber auch schon in der Ostsee gesichtet.

⊙ SCHILDKRÖTEN: WANDERER DER MEERE

Alle sieben Arten von Meeresschildkröten legen weite Strecken im Wasser zurück. Mehr als 7000 Kilometer schwimmen einige weibliche Schildkröten, um ihre Eier an dem Strand abzulegen, an dem sie selbst Jahre zuvor geschlüpft sind. Die männlichen Tiere gehen nie an Land.

AB IN DIE SUPPE

Suppenschildkröten wurden früher stark bejagt. Ihr Fleisch kam als Schildkrötensuppe in Feinschmeckerrestaurants auf den Tisch und aus dem Panzer wurden Schmuck und Kämme hergestellt. Heute stehen alle Meeresschildkröten unter Schutz.

⊙ KLEIN UND GROSS

Kemps Bastardschildkröte ist mit maximal 70 Zentimeter Länge und 45 Kilogramm Gewicht die kleinste Meeresschildkröte. Sie hat einen breiten Panzer, lebt im Golf von Mexiko und ernährt sich von Krebsen, Quallen und Tintenfischen. Fast alle weiblichen Tiere legen ihre Eier an einem einzigen Strand bei Rancho Nuevo, nördlich von Tampico im nordöstlichen Mexiko. Die größte Meeresschildkröte ist die Lederschildkröte mit einem Panzer von zweieinhalb Meter Länge und einem Gewicht von 800 Kilogramm.

MEERESSÄUGER

⭕ VOM LAND INS WASSER

Sicher kennst du viele Säugetiere, die an Land leben. Auch die Meeressäuger waren früher, vor rund 50 Millionen Jahren, auf dem Land zu Hause. Bei einigen von ihnen kannst du dir das bestimmt vorstellen, denn Robben und Seeotter halten sich auch heute noch ab und zu an Land auf. Ein Wechsel von einem Landtier zu einem Meerestier allerdings geht nicht von heute auf morgen vonstatten. Es dauerte mehrere Millionen Jahre, bis aus hundeähnlichen, vierbeinigen Tieren stromlinienförmige Tiere mit Flossen wurden. Arme, Beine und Schwänze bildeten sich dabei zu Schwanz- und Brustflossen um. Warum die Tiere ihren Lebensraum ins Meer verlagerten, ist noch nicht vollständig geklärt. Forscher vermuten, dass sie damit auf die große Konkurrenz um Nahrung an Land reagierten.

⊙ DIE LUFT ANHALTEN

Wie lange kannst du die Luft anhalten? Länger als 30 Sekunden? Manche Wale schaffen es, über eine Stunde unter Wasser zu bleiben. Unangefochtener Sieger ist der Cuvier-Schnabelwal mit 85 Minuten. Kommen sie schließlich an die Oberfläche, öffnen sie ihr Blasloch und atmen sehr schnell ein. Wale, die ausatmen, erkennst du schon von Weitem. Aus ihrem Blasloch schießt dabei eine meterhohe Fontäne aus Wassertröpfchen. Bevor sie abtauchen, verschließen sie das Blasloch wieder.

⊙ ZAHN- ODER BARTENWAL?

Von den 84 Walarten (auch die Delfine zählen dazu) gehören 71 zu den Zahnwalen. Sie besitzen entweder im Ober- und Unterkiefer Zähne wie Delfine oder haben nur im Unterkiefer eine Zahnreihe wie der Pottwal. Bartenwale wie der Buckelwal besitzen anstelle von Zähnen Barten. Das sind Hornplatten, mit denen sie Krill und kleine Fische aus dem Wasser filtern.

● IN DER SCHULE

Delfine sind gerne in Gesellschaft. Sie schwimmen meistens in Gruppen von mehreren Tieren zusammen, den sogenannten Schulen. Sie verständigen sich untereinander mit Klick- und Pfeiflauten oder geben quietschende Töne von sich. Ähnlich wie ihr euch in der Familie oder unter Freunden helft, unterstützen sich auch Delfine untereinander. Kranke Tiere werden zum Atmen an die Oberfläche begleitet und werdende Mütter zum Schutz umkreist.

Delfine

● SPECKBAUCH UND FLOTTER SCHWIMMER

Robben sehen an Land etwas unbeholfen aus, wenn sie auf den Flossen „robben". Im Wasser sind die Raubtiere dagegen in ihrem Element und schnell unterwegs. Zu den Flossenfüßern, wie sie auch genannt werden, zählen Seebär, Seehund, See-Elefant, Seeleopard, Seelöwe und das Walross mit seinen großen Hauern.

Robbe

LEBENSRETTER

Es gibt zahlreiche Berichte von Delfinen, die Menschen das Leben gerettet haben. Erschöpfte Schwimmer wurden bis zu ihrer Rettung über Wasser gehalten oder an Land geleitet.

Seekuh

◉ WAS MACHT
DER ELEFANT IM MEER?

Seekühe sind nicht mit den Robben verwandt. Ihre nächsten Verwandten sind Elefanten. Die plumpen, unförmigen Tiere haben eine spatenförmige oder gegabelte Flosse und werden in zwei Gruppen unterteilt: Gabelschwanzseekühe (Dugongs) und Rundschwanzseekühen (Manatis). Beide Arten ernähren sich anders als Robben rein pflanzlich von Seegras, Algen und Tang, die sie vom Meeresboden abweiden.

◉ SEEOTTER

Mit 1,2 Metern Körpergröße sind Seeotter die kleinsten Meeressäuger. Die intelligenten Tiere ernähren sich von Fischen, Krabben, Seeigeln und Muscheln. Um sie zu knacken, legen sie sich auf den Rücken, platzieren einen Stein auf ihrem Bauch und schlagen die Muschel so lange darauf, bis sie an das weiche Fleisch kommen. In Rückenlage ruhen sie sich auch aus und schlafen manchmal in Kelp eingewickelt. So können sie nicht abtreiben.

ABSOLUT WASSERDICHT

Seeotter haben das dichteste Fell aller Säugetiere. Auf einem Quadratzentimeter wachsen bis zu 100.000 Haare.

Seeotter

27

SEEVÖGEL

VON DER KÜSTE BIS AUFS OFFENE MEER

Weltweit gibt es ungefähr 300 verschiedene Arten von Seevögeln. Einige von ihnen leben in Küstennähe. Zu ihnen gehören Möwen, von denen du sicher schon einige gesehen hast, aber auch Alken, Lummen, Seetaucher und Tölpel. Die anderen Arten bevorzugen das offene Meer und kommen nur zum Brüten an Land. Albatrosse, Sturmvögel, Sturmseeschwalben und Pinguine sind darunter.

MÖWEN ALLER ART

Möwen sind die bekanntesten Seevögel und an fast allen Küsten der Welt zu finden. Sie bilden eine eigene Familie mit 55 Arten. Die lautstarken Tiere brüten in Kolonien und lernen schnell. Das sorgt in einigen Küstengebieten für Ärger, denn die Vögel fangen sich ihren Fisch zum Teil nicht mehr selbst, sondern schnappen sich gleich das Fischbrötchen des überraschten Urlaubers. Das Füttern der Tiere ist deshalb meistens verboten und wird zum Teil sogar unter Strafe gestellt.

IM STURZFLUG

Einige Vogelarten wie Seeschwalben, Kormorane und Tölpel stürzen sich kopfüber aus luftiger Höhe hinunter ins Meer, um dort Fische zu erbeuten. Tölpel erreichen dabei Geschwindigkeiten von über 150 Kilometer pro Stunde. Das ist schneller, als die meisten Autos auf der Autobahn unterwegs sind.

PIRATEN DER LÜFTE

Fregattvögel sind ganz schön frech. Ihre Heimat sind die tropischen Meere. Dort jagen die geschickten Flieger nach Quallen und Fischen. Häufig halten sie aber nicht selbst nach Beute Ausschau, sondern jagen sie anderen Vögeln ab. Zimperlich sind sie dabei nicht. Sie hacken mit ihrem Schnabel auf den Artgenossen ein oder kneifen ihn in die Schwanzfedern. Lässt der Angegriffene die Beute fallen, schnappt sie sich der Fregattvogel, bevor sie ins Wasser fällt. Nass wird er nämlich nur ungern, da sich sein Gefieder schnell mit Wasser vollsaugt.

Albatros

⊙ SUPER-SEGLER

Alle 21 Albatros-Arten sind perfekt an ein Leben über dem offenen Meer angepasst. Stell dir vor, sie können mit einem einzigen Flügelschlag bis zu 100 Kilometer zurücklegen und am Tag bis zu 1000 Kilometer fliegen. Hilfreich sind dabei die großen Flügel. Mit bis zu 3,5 Meter Spannweite haben Albatrosse die längsten Flügel unter den Vögeln.

TOLLPATSCH

Albatrosse, die über dem Wasser sehr elegant wirken, haben bei Starts und Landungen große Probleme. Ohne langen Anlauf kommen sie nicht in die Luft und beim Landen überschlagen sie sich häufig, weil sie noch zu schnell sind.

⊙ STURMSCHWALBEN

Im Gegensatz zum Albatros, der lange gleitet, flattern Sturmschwalben hektisch mit den Flügeln. Ihren Flug kannst du dir ähnlich zappelig vorstellen wie den von Fledermäusen. Die kleinsten Seevögel (maximal 18 Zentimeter lang) fliegen dicht über der Wasseroberfläche und mit hängenden Beinen. Das ist nicht ganz ungefährlich, wie fehlende oder verletzte Beine zeigen. Vermutlich schnappen Raubfische nach ihnen.

Basstölpel

Papageientaucher

⊙ DER CLOWN UNTER DEN VÖGELN

Mit ihrem mehrfarbigen dreieckigen Schnabel sehen Papageientaucher sehr lustig aus. Sie gehören zu den Alken und leben am Nordatlantik und am Nordpolarmeer. Ihren Nachwuchs ziehen sie in großen Kolonien an Klippen auf. Sie sind in der Lage, mehrere Fische auf einmal im Schnabel zu tragen. Außerdem fressen sie Borstenwürmer und Krebstiere.

Galapagos-Pinguin

⊙ VÖGEL, DIE NICHT FLIEGEN

Auch Pinguine zählen zu den Seevögeln, obwohl sie flugunfähig sind. Dafür können sie hervorragend schwimmen und tauchen. Ihre Federn sind sehr dicht und schützen die Tiere optimal vor Kälte und Nässe. Auffällig ist ihre Färbung: am Rücken schwarz, am Bauch weiß. Findest du nicht auch, dass sie aussehen, als hätten sie einen Frack an? Mit dem schwarz-weißen Federkleid ist der Pinguin gut vor Feinden im Wasser getarnt.

⚡ NICHT NUR IN DER ANTARKTIS ZU HAUSE

Pinguine leben nicht nur am Südpol. Dort brüten nur der große Kaiserpinguin und der zierliche Adéliepinguin. Alle anderen Arten mögen es wärmer. Du findest sie zum Beispiel auf den Galapagos-Inseln oder an den Küsten Neuseelands und Südafrikas.

WEICHE UND STACHELIGE BEWOHNER

● WAS SIND WEICHTIERE?

Zu den Weichtieren oder den Mollusken, wie sie von Fachleuten genannt werden, zählen Schnecken, Muscheln und Kopffüßer. Letztere kennst du unter dem Namen Tintenfisch. Die Weichtiere stellen nach den Insekten mit ungefähr 130.000 Arten die größte Tiergruppe. Allen Weichtieren ist gemeinsam, dass ihnen ein stützendes Skelett fehlt. Nur deshalb können sie sich so extrem verbiegen und verdrehen.

● MIT ODER OHNE DÜSENANTRIEB

Landschnecken sind dir sicher schon oft begegnet. Und Meeresschnecken? Einige von ihnen schwimmen, indem sie die breiten Fußlappen wie ein Rochen auf- und abbewegen, andere wandern auf dem Meeresboden. Manche Muscheln nutzen wie Tintenfische den Rückstoß zum Fortkommen. Dazu pressen sie Wasser aus den Schalen und sausen dann in Gegenrichtung davon.

Tintenfisch

HARTE SCHALE, WEICHER KERN

Viele Weichtiere besitzen ein sogenanntes Außenskelett. Der Name ist etwas verwirrend und nicht ganz korrekt, da es das Tier weder stützt noch formt. Gemeint ist die Schale, die du bei Muscheln siehst, oder das Schneckenhaus.

Meeresschnecke

MAHLZEIT

Viele Muscheln kannst du essen. Miesmuscheln, Jakobsmuscheln und Austern sind darunter. Da Muscheln in vielen Ländern eine beliebte und häufig verzehrte Speise sind, werden sie, wenn möglich, gezüchtet. In großen Unterwasserfarmen, sogenannten Aquakulturen, wachsen sie heran, bis es Zeit ist, sie zu ernten.

Jakobsmuschel

FISCHE? VON WEGEN!

Mit dem Namen Tintenfisch wird eine Gruppe von Tieren bezeichnet, die gar keine Fische sind. Es sind Kopffüßer. Kalmare, Sepien, Kraken und Perlboote zählen dazu. Kalmare leben im freien Wasser und können bis zu 20 Meter groß werden, Echte Tintenfische (Sepien) bevorzugen Bodennähe. Beide besitzen zehn Fangarme, die mit Saugnäpfen besetzt sind. Kraken haben nur acht Fangarme, Perlboote bis zu 47 Fangarmpaare. Anstelle von Saugnäpfen nutzen sie eine klebrige Flüssigkeit, um Beute festzuhalten.

MUSCHEL ODER SCHNECKE?

Sie zu unterscheiden ist recht einfach. Muscheln erkennst du an den beiden Klappen, die durch ein elastisches Band zusammengehalten werden. Schnecken haben ein einteiliges Gehäuse. Oft hat es die Form einer Spirale.

Perlboot

🛟 NESSELTIERE

Quallen kennst du sicher, oder? Sie gehören wie Seeanemonen und Korallen zu den Nesseltieren und besitzen komplizierte Nesselkapseln. Mit ihnen schützen sich die einfach aufgebauten Tiere gegen Feinde und fangen Beute. Das in den Kapseln enthaltene Gift kann so stark sein, dass ein Kontakt mit ihm selbst für Menschen lebensgefährlich sein kann. Es gibt zwei Formen von Nesseltieren: freischwimmende wie Quallen und die festsitzenden Polypen.

🛟 GIFTSCHLEUDER

In den Tentakeln befinden sich die Nesselzellen. In jeder von ihnen ist eine Nesselkapsel mit einem aufgerollten Nesselfaden. Das kannst du dir ähnlich vorstellen wie einen Faden auf einer Garnspule. Berührst du die Tentakel, ändert sich der Druck im Inneren der Nesselkapseln und die giftigen und oft mit Widerhaken versehenen Fäden werden herausgeschleudert.

⚠️ TENTAKELN AUSWEICHEN

Schwimmst du im Meer, kannst du versuchen, Quallen auszuweichen. Vor den Nesselkapseln schützt dich das nur bedingt, denn manche Quallen haben Tentakel, die bis zu 50 Meter lang sind.

⊙ STACHELIGE HAUT

Es gibt auf der Welt mehr Stachelhäuter
(etwa 6300 Arten) als Säugetiere und
alle leben im Wasser. Seesterne kennst
du sicher. Außer ihnen gehören noch
Seeigel, Seegurken, Schlangensterne,
Seelilien und Haarsterne zur Tiergruppe. Stachelhäuter gibt es schon
seit Urzeiten, nämlich seit mehr als
500 Millionen Jahren. Bis heute haben
sie sich wenig verändert. Sie haben bei-
spielsweise immer noch einen fünfstrahli-
gen Körper. Zähl mal nach!

Seeigel

Seegurke

⊙ SEEGURKEN-TRICKS

Was sieht aus wie eine Gurke, ist aber ein Stachelhäuter? Die Seegurke oder Seewalze. Mit ihren
vielen Saugnapf-Füßchen bewegt sie sich langsam
über den Meeresboden und grast ihn nach Plankton
ab. Fühlt sie sich angegriffen, schleudert sie ihre inneren Organe, lange klebrige Fäden, aus dem Körper. Das verwirrt die meisten Angreifer derart, dass
die Gurke Zeit hat, davonzuschleichen.

⚠ ARME WACHSEN LASSEN

*Seesterne sind in der Lage, ihre
Arme nachwachsen zu lassen.
Das ist praktisch, falls ein Räuber
einen abgefressen hat. Der neue
Arm wird aber meistens nicht so
lang wie der alte.*

KREBSE, PLANKTON & CO.

Hummer

Krebs

⊗ VOM KREBS- ZUM KRUSTENTIER

Krebse oder Krebstiere zählen zu den Gliederfüßern. Es gibt sie in Zehntausenden verschiedenen Arten: von winzig bis riesig, von knallrot bis fast durchsichtig und von rundlich bis länglich. Der Begriff Krustentier ist im Gegensatz zum Krebstier kein wissenschaftlicher Name, sondern eine gastronomische Bezeichnung. Krustentiere ist die Sammelbezeichnung für diejenigen Krebsarten, die du im Restaurant als Gericht bestellen könntest (zum Beispiel Garnelen, Hummer, Krabben, Langusten).

⊗ SO ERKENNST DU KREBSE

Auch wenn Krebse ganz verschieden sind, haben sie doch ein paar Merkmale gemeinsam. Sie besitzen bis zu 17 Beinpaare, zwei Antennenpaare und einen harten Panzer, meistens auf dem Rücken. Die bekanntesten Krebse gehören zu den Zehnfußkrebsen. Von den fünf Beinpaaren sind vier für die Fortbewegung zuständig, das fünfte ist mit Scheren ausgestattet.

EIN NEUES PANZERKLEID

So wie du neue Kleidung brauchst, wenn du wächst, benötigen Krebse ab und zu einen neuen Panzer. Dann stoßen sie den alten ab und warten an einem sicheren Ort, bis der neue hart genug ist.

Garnele

EINSIEDLERKREBSE

Einsiedlerkrebse leben in Küstengewässern in Schneckenhäusern oder anderen Hohlräumen. Vielleicht hast du schon einmal einen von ihnen dabei beobachtet, wie er seine Behausung hinter sich herzieht. Das sieht mühsam aus. Warum macht der Krebs das also? Grund dafür ist sein weicher Hinterleib. Dieser hat keinen Panzer und wird deshalb im Schneckenhaus versteckt und geschützt. Wächst der Krebs, muss er sich ein größeres Haus suchen.

Einsiedlerkrebs

SEESPINNEN

Seespinnen sind Krabben, auch wenn ihr Name etwas anderes andeutet. Ihre Beine sind lang und dünn, ähnlich wie bei einem Weberknecht. Die Japanische Riesenkrabbe ist die größte aller Seespinnen. Von einem Bein zum anderen kann sie mehr als dreieinhalb Meter messen. In Japan gilt ihr Fleisch als Delikatesse.

WIE IM WILDEN WESTEN

Pistolenkrebse schießen mit einer rechten Schere, wenn sie auf Beute aus sind oder auf einen Angreifer treffen. Dabei erzeugen sie mit Luftblasen einen Knall, der lauter ist als ein Düsenjet. Das kann den Gegner je nach Größe betäuben oder ernsthaft verletzen.

Seespinnen

Ruderfußkrebs unter dem Mikroskop

⊛ PLANKTON

Zooplankton (tierisches Plankton)
besteht unter anderem aus winzigen
Krebstieren. Den größten Anteil daran
haben winzige Ruderfußkrebse, von
denen es mehr als 10.000 Arten gibt.
Die meisten von ihnen sind nur zwischen 0,2 und 2 Millimeter groß. Das
ist so winzig, dass du die kleineren von
ihnen mit deinem Lineal gar nicht aus-
messen könntest.

KRILL

Auch der Name Krill bezeichnet Krebstiere. Sie erinnern von ihrer Form her
an Garnelen, sind aber viel, viel kleiner. Krill ist ebenfalls ein Bestandteil
des Zooplanktons. Es kommt in riesigen Schwärmen vor und bildet die
Nahrung für viele, auch sehr große
Meerestiere, wie den Blauwal. Antark-
tischer Krill ist die bekannteste Art.

⊛ MEERESWÜRMER

So wie du in der Gartenerde Regenwür-
mer finden kannst, würdest du auch im
Watt und auf dem Meeresgrund fündig
werden. Viele verschiedene Wurmarten
leben in den Ozeanen. Spritzwürmer,
Borstenwürmer, Röhren- und Strudel-
würmer sind in allen Lebensräumen
des Meeres zu finden. Sie ernähren sich
von den Knochen toter Tiere, Aas oder
von Plankton.

Röhrenwurm

⊕ RIESENBORSTENWURM

Zu sehen bekommst du von dem Riesenwurm, der bis zu drei Meter lang werden kann, meistens nur ein paar Zentimeter. Der Rest des Tieres ist im Meeresboden eingegraben. Er macht Jagd auf Krebse, Muscheln und kleine Fische, die er aus seinem Versteck heraus anfällt. Dann zieht er sie in den Boden und verschlingt sie. Große Beutetiere werden betäubt und ausgesaugt.

Riesenborstenwurm

Schwamm

PFLANZE ODER TIER?

Hast du einen echten Bade-schwamm? Er sieht doch aus wie eine Pflanze, oder? Dafür hat man ihn auch noch bis in das 19. Jahrhundert gehalten. Schwämme sind jedoch Tiere, allerdings bewegen sie sich im Gegensatz zu anderen Tieren nie.

⊕ LEBEN OHNE ORGANE

Schwämme sind an einem festen Untergrund festgewachsen. Ihnen fehlen neben Organen auch Muskel-, Nerven- und Sinneszellen. Sie ernähren sich, indem sie unermüdlich Wasser durch ihre Hohlräume strudeln und dabei über kleine Poren Nahrungspartikel aufnehmen. Schwämme wachsen sehr langsam und können eine Größe von bis zu drei Metern erreichen. Wenn sie nicht geerntet werden, werden sie sehr alt.

TIEFSEEFISCHE

FISCHIGES GRUSELKABINETT

Viele Fische, die du in einem Aquarium sehen kannst, sind bunt, hübsch, und einige werden sogar als niedlich bezeichnet. Die Fische aus der Tiefsee können da nicht mithalten. Ihre Farben sind meistens unauffällig, schwarz oder rot, und sie haben die merkwürdigsten Formen und Auswüchse. Oft werden sie als furchterregend, gruselig, bizarr und wie aus einem Albtraum beschrieben. Den Fischen kann das egal sein, denn da unten ist es rabenschwarz und es sieht sie ja keiner. Aber ist das wirklich so?

SEHEN UND GESEHEN WERDEN

Warum haben Tiefseefische Augen, wo es doch dort, wo sie leben immer dunkel ist? Wie finden Sie ihre Beute, wenn sie doch nichts sehen können? Die Antwort darauf ist Licht. Das produzieren die Fische nicht selbst. Sie nutzen Bakterien, die in der Lage sind, durch chemische Reaktionen Licht zu erzeugen.

BIOLUMINESZENZ

Der Fachbegriff für diese Leucht-
fähigkeit ist Biolumineszenz. 90
Prozent aller Tiefseelebewesen
haben diese Fähigkeit.

MIT LICHT AUF BEUTEFANG

Die Weibchen der Tiefsee-Anglerfische
haben oben am Kopf einen angelähn-
lichen Fortsatz, an dem eine Beute-
attrappe hängt. In ihr befinden sich
Leuchtbakterien. Mit der Leuchtangel
vor dem weit geöffneten Maul wartet
das Weibchen auf unvorsichtige Beutetiere. Nähert sich eines, wird das Licht
„ausgeschaltet" und das plötzlich ori-
entierungslose Tier aufgefressen.

FÜR IMMER VERBUNDEN

Die Männchen des Tiefsee-Angler-
fischs sind im Verhältnis zum Weibchen winzig und haben keine „Leuchtangel". Bei einigen Arten wachsen die
Männchen fest mit dem Körper des
Weibchens zusammen. Manchmal „be-
wohnen" sogar mehrere Männchen ein
einziges Weibchen. Sie werden über
ihren Blutkreislauf ernährt. Stirbt das
Weibchen, bedeutet das auch ihr Ende.

DIE FARBE DES LICHTES

Glühwürmchen leuchten eben-
falls. Das hast du vielleicht schon
einmal beobachten können. Ihr
Licht ist gelblich. Tiefseebewoh-
ner erzeugen dagegen meistens
ein blaues oder blaugrünes Licht.
Es ist im Wasser besonders gut zu
sehen.

LICHT AN, LICHT AUS

Würden die Leuchtorgane aller Tief-seefische ständig leuchten, wäre es in der Tiefsee ganz schön hell. Das ist es aber nicht, denn die Fische nutzen ihr Licht nur bei Bedarf. Einige können das Licht „ausknipsen", indem sie es zum Beispiel nicht mehr mit Sauerstoff versorgen, andere ziehen eine Art Ja-lousie vor die Leuchtbakterien.

ROT, NICHT BLAU

Einige wenige Tiefseefische, die Zun-genkiemer, produzieren rotes Licht. Sie können damit nach Beute suchen, ohne selbst entdeckt zu werden, da das rote Licht von ihren Beutetieren nicht gese-hen werden kann. Für diese ist die Um-gebung weiterhin dunkel.

DIE STRATEGIEN DER LEUCHTFISCHE

Auch der langge-streckte Schup-pendrachen-fisch hat eine Leuchtangel, um Beute anzulocken. Fragst du dich, warum die Beutetiere vom Licht angezo-gen werden? Sie sind selbst auf der Suche nach leuchtenden Kleintieren zum Fressen und denken nun, sie ha-ben Futter gefunden. Das Licht wird neben der Nahrungsbeschaffung aber auch zum Anlocken von Partnern ein-gesetzt oder dazu, sich selbst „unsicht-bar" zu machen.

Schuppendrachenfisch

⊙ LICHTPUNKTE

Fische wie der Beilfisch oder die Laternenfische haben mehrere Leuchtorgane am Körper. Sie strahlen ein punktförmiges Licht ab. Der Beilfisch tarnt sich damit gegen Blicke von unten, denn seine Umrisse sind aufgrund der Leuchtpunkte nicht gut zu sehen. Laternenfischen dienen die Lichter wahrscheinlich zur Partnersuche und zur Orientierung im Schwarm.

Gespensterfisch

BESTE AUSSICHT

Gespensterfische haben einen durchsichtigen Kopf. Mit ihren beweglichen Augen können sie nach oben durch ihren Kopf hindurch nach Beute Ausschau halten. Wegen dieser Fähigkeit werden sie auch Hochgucker genannt.

⊙ KLOPF, KLOPF

Hast du schon einmal einen Fisch mit Ohren gesehen? Auch wenn die Ohren, so wie bei dir, nicht zu sehen sind, hören einige Fische sehr gut. Der Grenadierfisch, der wegen seines langen, spitz zulaufenden Schwanzes auch Rattenfisch genannt wird, gehört dazu. Er kann mit seiner Schwimmblase laute Trommellaute erzeugen und sich so mit seinen Artgenossen verständigen und Weibchen anlocken. Grenadierfische können bis zu anderthalb Meter lang werden.

Grenadierfisch

MEERESPFLANZEN

⦿ GRÜN, ROT, BRAUN

Algen sind blütenlose Pflanzen, die im Wasser leben. Sie kommen sowohl im Süßwasser als auch im Salzwasser vor. Ihr Name ist vom lateinischen Wort *alga* abgeleitet. Er bedeutet Seegras oder Seetang. Algen wachsen nur in den Meereszonen, in die das Sonnenlicht noch vordringt. Ohne Licht können sie keine Fotosynthese betreiben und nicht überleben. Algen werden nach ihrer Farbe in Grün-, Rot- und Braunalgen unterschieden.

⦿ FREI ODER VERHAFTET

Algen kommen in vielen Formen und Größen vor. Manche erinnern an kleine Äste, Salat oder zarte Kräuterstängel, andere an Moos, Gräser oder breite Wedel. Die kleinsten Algen treiben als Phytoplankton frei umher, große Tange halten sich mit ihren Haftorganen am Untergrund fest. Nach einem Sturm findest du sie manchmal als große Haufen angespült am Strand.

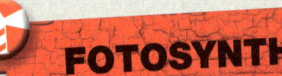 FOTOSYNTHESE

„Fotosynthese" nennt man den Prozess, bei dem aus Licht, Wasser, Kohlenstoffdioxid und Chlorophyll (Blattgrün) Sauerstoff und Zucker entstehen. Der Zucker liefert dabei die Energie, die die Alge zum Wachsen braucht.

SCHAUM AM STRAND

Noch etwas kannst du manchmal am Strand beobachten: weiße Schaumberge. Vielleicht hast du dich schon einmal gefragt, was das ist. Es ist Eiweiß aus Algen. So wie du mit einem Mixer Eiweiß schaumig schlägst, schlagen die Wellen das Algeneiweiß zu luftigen Wolken auf.

VERSTECKTE ALGEN

Du hast bestimmt schon einmal Algen gegessen. Das glaubst du nicht? Algen stecken inzwischen in vielen Produkten. Sie werden als Bindemittel in Eis und Joghurt eingesetzt und finden sich als Bestandteil in Margarine und Frischkäse. Auch die Kosmetikindustrie setzt auf die Meerespflanze und verarbeitet sie in Shampoo, Cremes und Zahnpasta.

BLASENTANG UND MEERSALAT

Der Blasentang ist eine große Braunalge. Du erkennst ihn wahrscheinlich sofort, denn er hat kleine, paarweise angeordnete Lufttaschen (Blasen). Sie funktionieren wie ein Schwimmkörper und geben ihm Auftrieb. Meersalat, eine Grünalge, sieht dagegen eher aus wie ein etwas schlapper Salatkopf. Er ist reich an Vitaminen und du kannst ihn als Rohkost essen. Wie er wohl schmeckt?

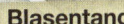
Blasentang

Viele verschiedene Meeresbewohner

Im Meer gibt es viele verschiedene Lebewesen. Hierzu gehören unter anderem Fische, Meeressäuger, Seevögel, Weichtiere, Krebse und Pflanzen. Klebe die passenden Sticker zu den Lebewesen auf. Immer zwei Meeresbewohner gehören zu einer der genannten Gruppen. Male die Rahmen in den passenden Farben an. **Ein Beispiel:** Der Rahmen bei der Garnele ist bereits rot ausgemalt, denn sie gehört zur Gruppe der Krebse.

Hai

Rotalge

Delfin

Meeres-schnecke

Krabbe

Kormoran

Garnele

Albatros

Blasentang

Seelöwe

Tiefsee-Anglerfisch

Kalmar

Tier gesucht!

Beantworte die Fragen und klebe den passenden Sticker vom Stickerbogen ein.
Schreibe den Namen des gesuchten Tieres auf die Schreiblinie.

1. Welcher Plattfisch gehört zu den Knochenfischen?

_____

2. Welches Tier hat einen Panzer und legt Eier?

_____

3. Welche Säugetiere sind hervorragende Schwimmer und verständigen sich mit Klicklauten unter Wasser?

_____

4. Welcher Meeresbewohner bewegt sich an Land robbend vorwärts?

_____

5. Welcher Seevogel ist schwarz-weiß und kann nicht fliegen?

_____

6. Welcher Meeresvogel kann im Flug eine Geschwindigkeit von über 150 Kilometer pro Stunde erreichen?

_____

7. Welches Tier lebt am Meeresboden und hat acht Fangarme?

_____

8. Welcher Krebs wohnt gerne in einem Schneckenhaus?

_____

9. Welches Tier ist am Boden festgewachsen und erinnert eher an eine Pflanze?

_____

Wer frisst was?

Was ist die Leibspeise dieser Tiere? Bringe die Buchstaben in der Sprechblase in die richtige Reihenfolge, folge der Linie und klebe den entsprechenden Sticker vom Stickerbogen ein.

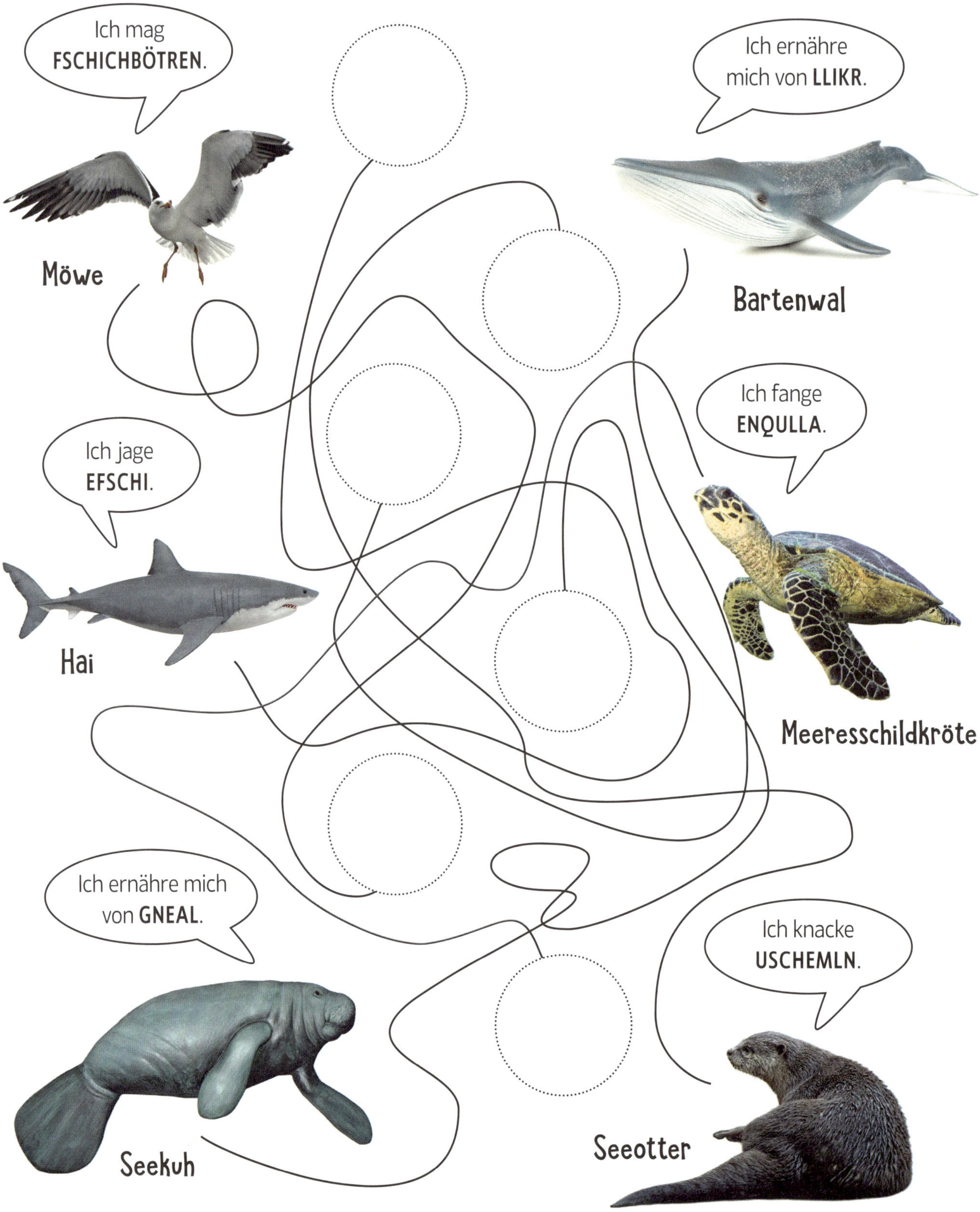

Ich mag **FSCHICHBÖTREN**.

Möwe

Ich ernähre mich von **LLIKR**.

Bartenwal

Ich jage **EFSCHI**.

Hai

Ich fange **ENQULLA**.

Meeresschildkröte

Ich ernähre mich von **GNEAL**.

Seekuh

Ich knacke **USCHEMLN**.

Seeotter

Unterschiede finden

Im unteren Bild haben sich 8 Fehler eingeschlichen. Findest du sie?
Kreise sie ein.

SEEFAHRT FRÜHER UND HEUTE

⊗ ZURÜCK IN DIE STEINZEIT

Wissenschaftler gehen davon aus, dass schon die Menschen in der Steinzeit einfache Wasserfahrzeuge benutzten und auf Fischfang gingen. Ungefähr ab 21.000 vor Christus finden sich auf verschiedenen Kontinenten Beweise dafür: Steine von weit entfernten Stränden, Muschelreste, Paddel, Harpunen und Fischernetze sind darunter.

⊗ BOOTSBAU

Etwa ab 7000 vor Christus wagten sich die Menschen weiter auf das Wasser hinaus. Dafür brauchten sie seetüchtige Wasserfahrzeuge. Wie würdest du ein Boot bauen? Aus welchem Material wäre es? Die ersten Boote, die auf das offene Meer hinausfuhren, waren ganz unterschiedlicher Bauart. In Europa fertigte man kleine Schiffe aus Planken (schmalen Brettern) oder fuhr mit Kähnen, die mit Fell bespannt waren. In Ägypten segelte man mit Papyrusschiffen über den Nil und in Afrika und Japan wurde der Einbaum, ein Baumstamm, als Boot genutzt.

⊗ EINKAUFEN FAHREN

Die Seefahrt machte Handel mit anderen Völkern möglich. Man segelte zum Beispiel zur Nachbarinsel und tauschte Edelsteine gegen Muschelketten. Es dauerte nicht lange, da transportierte man Steine und andere Rohstoffe, Vieh, aber auch Soldaten in die Nähe von Kriegsgebieten. Die Schiffe wuchsen mit der Größe und dem Gewicht ihrer Ladung.

⊗ SCHIFFSTYPEN

Ab dem 12. Jahrhundert boomte die Handelsschifffahrt. Die Schiffe der Hanse, ein Zusammenschluss von Kaufleuten zum Zweck des Handelns, befuhren die Nord- und Ostsee mit Koggen. Das waren Schiffe mit einem Mast. Spanier und Portugiesen stachen mit Dreimastern (Karavellen, Karacken) in See. Die Galeone, ebenfalls ein Dreimaster, wurde als Kriegsschiff eingesetzt.

⚓ MUSKELKRAFT UND WIND

Motoren gab es noch nicht. Die Boote wurden entweder durch Wind angetrieben oder es wird gepaddelt. Kannst du dir vorstellen, dass es damals (3000 vor Christus) bereits ein großer Fortschritt war, als die Paddel durch Riemen ersetzt wurden? Größere Schiffe wurden nun gerudert.

Dampfschiff

⊙ DAMPFSCHIFFE

1783 wurde das erste dampfbetriebene Schiff gebaut. Nur wenige Jahre später fuhren die ersten Dampfer im Linienbetrieb entlang der Küsten. Sie wurden von einem riesigen Schaufelrad angetrieben. Vielleicht hast du schon einmal eines gesehen? In einigen Gegenden fahren Ausflugsdampfer heute wieder mit diesem Antrieb. Mit der Erfindung des Propellers verlor das Schaufelrad an Bedeutung. Die Neuerung setzte sich schnell durch und bis heute ist die „Schraube" der gängige Schiffsantrieb.

⊙ CONTAINERSCHIFFE

Immer mehr Waren werden auf dem Seeweg befördert. Sie lassen sich am besten verstauen, wenn sie in Containern verladen werden. Diese Metallboxen haben eine einheitliche Größe, die auf eigens dafür gebauten Containerschiffen platzsparend verladen werden. Das erste Schiff dieser Art fuhr 1956 in den USA.

HÖHER, LÄNGER, SCHWERER

Seitdem sind die Schiffe immer größer geworden. Tausende von Containern haben Platz auf ihnen. Neue Häfen müssen gebaut und Flüsse ausgebaggert werden, weil die „Riesen" sonst nicht mehr anlegen können.

Containerschiff

FT-66L06L08X16

STERNGUCKER

Zu Beginn der Seefahrt gab es weder Kompass noch Satelliten, verlässliche Seekarten oder Radar. Die Seeleute fanden ihren Weg anhand der Sterne und orientierten sich am Lauf der Sonne. Auch Landmarken und vorherrschende Windrichtungen gaben ihnen wichtige Hinweise, um ihren Standort zu bestimmen.

DIE ERDE IST EINE SCHEIBE

Viele frühe Völker und Kulturen glaubten, dass die Erde eine Scheibe sei. Segelte man bis an ihren Rand, würde man von dort direkt in die Unterwelt oder in den Rachen eines Drachen stürzen. Unheimlich, oder?

HILFREICHE INSTRUMENTE

Mit der Erfindung des Kompasses durch die Chinesen war es möglich, die Himmelsrichtung auch zu bestimmen, wenn Sonne und Sterne nicht zu sehen waren. Ab dem 15. Jahrhundert nutzten die Seefahrer einfache Winkelmessgeräte wie das Astrolabium, den Jakobsstab oder den Sextanten, um herausfinden, auf welchem Breitengrad sie sich befanden. Die Seekarten wurden genauer und mit dem Chronometer war schließlich auch die Bestimmung des Längengrades möglich. Die genaue Position eines Schiffes wird heute per GPS ermittelt.

Kreuzworträtsel: Schiff ahoi!

Löse das Kreuzworträtsel. Trage die Buchstaben aus den farbig markierten Feldern unten ein.
Wie heißt das Lösungswort? Klebe den passenden Sticker vom Stickerbogen über das Lösungswort.

1. Die ersten Wasserfahrzeuge gab es in der ...

2. Ab 7000 vor Christus baute man in Europa Schiffe aus ...

3. In Ägypten segelte man mit Papyrusschiffen über den ...

4. Ein Boot, das aus einem einfachen Baumstamm bestand, nennt man auch ...

5. Die Seefahrt machte den ... mit anderen Völkern möglich.

6. Man transportierte mit den Schiffen Steine und andere ...

7. Ab dem 12. Jahrhundert segelten Kaufleute mit Handelsschiffen, den sogenannten ..., über die Nord- und Ostsee.

8. Die ... wurden als Kriegsschiffe eingesetzt.

9. Die Schiffe wurden durch den ... oder mit Paddeln angetrieben.

10. Dampfschiffe wurden mit einem ... angetrieben.

11. Heute wird eine ... als Antrieb genutzt.

12. Früher orientierten sich Seefahrer an der Sonne und den ...

13. Mit einem Kompass konnte man die ... bestimmen.

14. Ab dem 15. Jahrhundert nutzen Seefahrer ..., um herauszufinden, auf welchem Breitengrad sie sich befinden.

Das Lösungswort heißt:

1	2	3	4	5	6	7	8	9	10	11	12	13	14	15

Schiffs-Sudoku

Bei diesem Rätsel müssen die 14 freien Felder mit den Stickern vom Stickerbogen befüllt werden.

Aber Achtung: Es dürfen in jeder Reihe, in jeder Spalte und in jeder Box die einzelnen Schiffe nur einmal vorkommen.

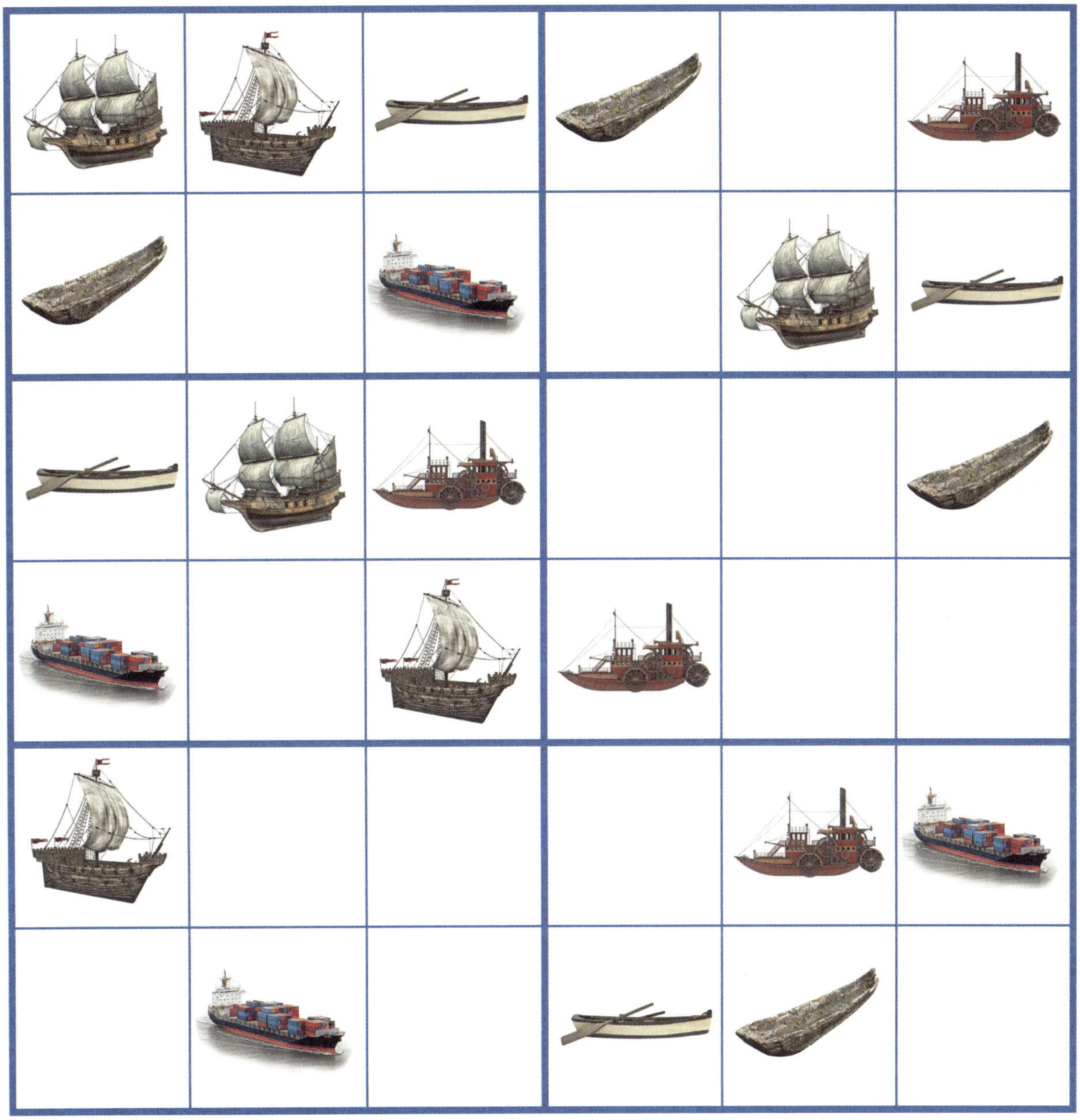

ENERGIE UND ROHSTOFFE

 VOLLER ENERGIE

Das Meer ist nicht nur reich an Tieren, es birgt auch viele Bodenschätze. Die Vorkommen sind so groß, dass sich ihre Ausbeute lohnt, obwohl die Förderung teuer ist. Neben Rohstoffen besitzt das Meer noch zwei Dinge im Überfluss: Wind und Wellen. Beides wird zur Energiegewinnung genutzt.

WINDMÜHLEN AUF DEM MEER

Dreiflügelige Windmühlen stehen nicht mehr nur an Land. Inzwischen siehst du sie auch auf dem Meer, oft sogar von der Küste aus. Sie stehen dicht beisammen und bilden sogenannte Windparks. Der Wind treibt die Flügel und sie setzen eine Turbine in Gang. Die so gewonnene Energie wird über Seekabel bis zum Festland transportiert und von dort weiter verteilt.

PROBIERE ES AUS!

Einen Rohstoff kannst du selbst aus dem Meer gewinnen: Salz. Schöpfe ein wenig Meerwasser in eine flache Schüssel. Stelle sie in die Sonne und warte, bis das Wasser verdunstet ist. Zurück bleibt ein feiner Belag aus Salzkristallen. Koste mal! Ganz ähnlich funktioniert auch die Salzgewinnung an den Küsten. Allerdings sind die Becken, in denen das Wasser verdunstet, dort viel größer.

Bohrinsel

ERDÖL UND ERDGAS

Unter dem Meeresboden liegen große Erdöl- und Erdgasvorkommen. Sie werden von riesigen Bohrplattformen gefördert, die wie stählerne Monster aus dem Meer aufragen. Bohrinseln sind wie kleine Städte. Auf ihnen wird nicht nur gearbeitet, die Arbeiter leben für die Zeit ihrer Arbeitsschicht auch dort. Nach zwei Wochen werden sie abgelöst und können für vier Wochen nach Hause zu ihrer Familie.

DIE KRAFT DES WASSERS

Warst du schon einmal in starker Brandung baden? Dann hast du bereits einen Eindruck bekommen, welche Kräfte Wellen haben können. Diese Wellenenergie kann man nutzen, um Turbinen anzutreiben. So wird aus der Welle elektrische Energie. Auch der Höhenunterschied zwischen Ebbe und Flut, der Tidenhub, lässt sich in Gezeitenkraftwerken in Strom umwandeln.

MANGANKNOLLEN

Sie liegen im Pazifik in ungefähr 5000 Meter Tiefe, sind schwarz und knollig. Die Rede ist von Manganknollen. Sie enthalten neben Mangan auch große Mengen Kupfer, Eisen, Kobalt und Nickel und sind deshalb als Rohstoff interessant.

Gezeitenkraftwerk

VERSCHMUTZUNG UND ÜBERFISCHUNG

 FISCHERNETZ UND BADELATSCHEN

Sicher hast du bei einem Strandspaziergang auch schon Dinge gesehen, die dort nicht hingehören. Einzelne Badelatschen, Stücke von Fischernetzen, Flaschenverschlüsse oder Gummihandschuhe. Mit dem Hochwasser werden sie an den Strand gespült. Wo kommen sie her? Sie wurden achtlos weggeworfen, sind von Bord gefallen oder im Falle der Netze abgerissen.

PLASTIKSTRUDEL

Das, was du am Strand siehst, ist nur ein geringer Teil dessen, was im Meer treibt. Riesige Müllstrudel gibt es dort. Plastik verrottet extrem langsam und eine einmal im Meer treibende Plastikflasche ist erst nach 450 Jahren vollständig abgebaut. Bis dahin wird sie zerrieben und dabei immer kleiner. Die ganz winzigen Stückchen haben einen Namen: Mikroplastik.

PROBIERE ES AUS!

Nimm eine Schaufel Strandsand, streiche ihn glatt und betrachte ihn mit einer Lupe. Falls du ein Mikroskop besitzt, kannst du dir darunter kleine Portionen anschauen. Was siehst du? Sand, Fasern, komische kleine Teilchen? Bei allem, was bunt ist, handelt es sich höchstwahrscheinlich um Plastik.

⬤ UMWELTKATASTROPHE

Da die Meere inzwischen viel befahren sind, passieren auch häufiger Unfälle. Schiffe stoßen zusammen, laufen auf Grund oder kentern in schwerer See. Die Folge ist oft eine Umweltkatastrophe. Auslaufendes Öl, Treibstoffe oder andere Chemikalien bedeuten für viele Tiere in diesem Gebiet den Tod.

⬤ LEERGEFUTTERT

Isst du gerne Fisch? Viele Menschen brauchen und mögen ihn jedenfalls – das kann zum Problem werden. Wenn immer mehr und immer kleinere Fische gefangen werden, ist das Meer irgendwann leer. Deshalb gibt es Fangquoten. Das bedeutet, dass jeder Fischer nur eine vorher festgelegte Menge fischen darf. Um den Fischbedarf zu sichern, gibt es Fischfarmen, in denen Lachse, Garnelen oder Forellen gezüchtet werden.

🛟 ÖL IM GEFIEDER

Seevögel, die mit Öl auf dem Wasser in Berührung kommen, sterben, wenn sie nicht in einer Rettungsstation gesäubert werden. Das Gefieder verklebt, weshalb die Vögel versuchen, es mit dem Schnabel zu reinigen. Dabei nehmen sie Öl auf und vergiften sich. Verklebte Federn hindern das Tier am Fliegen und und halten es auch nicht mehr ausreichend warm.

? Lückentext

Ergänze den Text mit Stickern vom Stickerbogen.

Das Meer besitzt viele Bodenschätze. Einer der wichtigsten Rohstoffe ist  .

Salz wird mithilfe von großen Verdunstungsbecken aus dem Meerwasser gewonnen.

Ein anderer interessanter Rohstoff sind  .

Die schwarzen Knollen enthalten Eisen, Kobalt und Nickel.

Der Wind am Meer wird zur Energiegewinnung genutzt. Dafür werden

aufgestellt. Der Wind treibt die Flügel an.

Auch mit der Kraft der  kann Energie erzeugt werden. Diese treiben

Turbinen an.

Unter dem Meeresboden befindet sich Erdöl. Um das Erdöl aus dem Boden zu befördern,

werden im Wasser  errichtet.

Gefahren für Tiere im Meer

Für die Tiere im Meer gibt es viele Gefahren. Klebe die entsprechenden Sticker vom Stickerbogen ein.

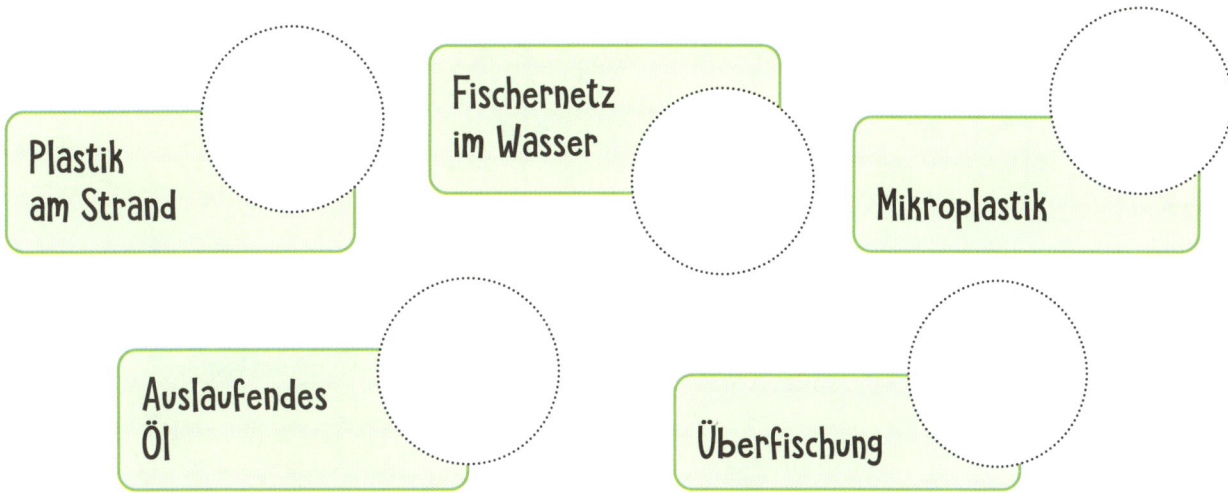

Plastik am Strand

Fischernetz im Wasser

Mikroplastik

Auslaufendes Öl

Überfischung

Müll im Meer

Was gehört nicht ins Meer? Kreise diese Gegenstände ein.

MEERESUNGEHEUER

WAHR ODER ERFUNDEN?

Viele Geschichten von Meeresungeheuern ranken sich um Tiere, die es tatsächlich gibt. Haie, Kraken und Seeschlangen sind in den Weltmeeren zu Hause und können dem Menschen unter gewissen Umständen tatsächlich gefährlich werden. Ihre Größe wird in den von ihnen erzählten Geschichten allerdings häufig stark übertrieben.

MENSCHENFRESSER

Weiße Haie haben einen schlechten Ruf. Sie werden als Menschenfresser betitelt und als schwimmende Bestie. Zugegeben, sie sehen furchterregend aus. Die vordere Zahnreihe ist auch bei geschlossenem Maul zu sehen und wirkt, als würde das Tier ständig grinsen. Auch ihre Größe würde dich beeindrucken. Bis zu sieben Meter kann ein Weißer Hai lang werden.

GEHEIMNISSE UND GEFAHREN DES MEERES

VIELARMIGE UNGEHEUER

Es gibt zahlreiche Bilder und Gemälde, auf denen Riesenkraken oder Kalmare nach Schiffen greifen, sich an ihnen festsaugen, sie regelrecht zerdrücken und so das Schicksal der Besatzung besiegeln. Mit Mann und Maus wird das Schiff in die Tiefe gerissen und verschwindet für alle Zeiten auf dem Grund des Meeres. Glaubst du solche Geschichten?

SEESCHLANGEN

Der angeblichen Größe von Riesenseeschlangen solltest du ebenfalls misstrauen. Zwar gibt es rund 56 Seeschlangenarten, die längsten von ihnen werden aber nicht einmal drei Meter lang. Hüten solltest du dich aber vor ihrem Gift. Es ist wesentlich stärker als das ihrer Artgenossen zu Lande. Dafür sind Seeschlangen friedfertiger und greifen nicht so schnell an.

RIESENKALMARE

Lange Zeit hielt man die Berichte von riesigen Tintenfischen für eine Erfindung der Seeleute. Seit auch in der Tiefsee Fischerei betrieben wird, weiß man, dass es solche Tiere tatsächlich gibt. Koloss-Kalmare können bis zu 15 Meter lang werden. Große Schiffe versenken sie aber nicht.

UNHEIMLICHES MEER

⊙ UNERKLÄRLICH

Hast du schon einmal etwas verloren? Bei kleinen Dingen kommt so etwas sicher mal vor – aber bei Schiffen und Flugzeugen? Wie können solche großen Maschinen einfach vom Radar verschwinden und was noch unerklärlicher ist – nie wieder auftauchen? Eine Region ist für diese Art von Verlusten berüchtigt: das Bermudadreieck.

⊙ DER LETZTE FUNKSPRUCH

Das Rätsel um das „Teufelsdreieck" beginnt mit dem Verschwinden von fünf britischen Bombenflugzeugen im Dezember 1945. Das Geschwader hatte sich verflogen und berichtete über Funk von merkwürdigen Vorkommnissen. Dann brach die Verbindung ab. Das sofort ausgesandte Suchflugzeug kehrte ebenfalls nie wieder zurück. Die Männer und Maschinen blieben spurlos verschwunden.

DAS BERMUDADREIECK

Der Name dieses geheimnisvollen Gebietes erklärt sich anhand seiner Form. Verbindest du die Bermudainseln mit der südlich davon liegenden Insel Puerto Rico und dem Süden von Florida erhältst du ein Dreieck.

⊙ WEISSES WASSER

Neben den britischen Bombern verschwanden weitere Flugzeuge sowie Segel- und Fischerboote plötzlich von der Bildfläche. Einige der Besatzungsmitglieder berichteten zuvor von Kompassen, die verrücktspielten, und weißem Wasser, das brodelnd aus dem Meer aufstieg.

⊙ WENN DIE BLASE PLATZT

Natürlich wurden die Unglücke untersucht, um Erklärungen für sie zu finden. Wissenschaftler vermuten inzwischen, dass die großen Methangas-Vorkommen in diesem Gebiet der Grund für das Verschwinden von Schiffen und Flugzeugen ist. Werden durch Beben große Methanblasen frei, steigen sie an die Oberfläche. Schiffe verlieren ihren Auftrieb und gehen unter, Flugzeuge könnten durch das aufsteigende Gas explodieren.

SPEKULATIONEN

Wenn etwas Unerklärliches geschieht, machen sich die Menschen meistens Gedanken darüber, was das Ereignis ausgelöst haben könnte. Einige glaubten an merkwürdige Zeitverschiebungen im Bermudadreieck, andere an Wurmlöcher oder Ufos, die Mensch und Maschine entführten. Was glaubst du?

FÜHRERLOSE SCHIFFE

Gespensterschiffe, Geisterschiffe oder „Fliegende Holländer" werden sie genannt. Die Rede ist von Schiffen, die ohne Besatzung führerlos auf dem Meer treiben oder noch schlimmer, für alle Zeiten mit einer toten Mannschaft über die Weltmeere schippern.

MANN ÜBER BORD!

Manchmal gibt es eine einfache Erklärung für die besatzungslosen Boote. Stell dir vor, du gerätst in Seenot. Was machst du? Bestimmt forderst du Hilfe an. Die Seenotretter bergen dann dich und deine Mannschaft, doch das Boot bleibt zurück, wenn es nicht abgeschleppt werden kann. Es kommt aber auch vor, dass Piraten ein Schiff überfallen und die Seeleute in kleinen Booten auf dem Meer aussetzen, sie entführen oder einfach über Bord werfen. Haben die Seeräuber das Schiff geplündert, verlassen sie es und es treibt menschenleer umher.

DIE GESCHICHTE VOM „FLIEGENDEN HOLLÄNDER"

Der Legende zufolge muss der „Fliegende Holländer" als Strafe für begangenes Unrecht für alle Zeiten verflucht über die Meere segeln. Wer sein Schiff sichtete, musste damit rechnen, ebenfalls zu sterben.

SCHIFFSFRIEDHÖFE

Etwas weniger unheimlich und unerklärlich sind Schiffsfriedhöfe. So wie auf einem Friedhof wie du ihn kennst, Menschen begraben sind, finden sich auf Schiffsfriedhöfen viele Schiffe. Allerdings sind sie nicht begraben, sondern liegen zusammen mit anderen Wracks entweder auf dem Grund des Meeres oder an gefährlichen Küsten.

DAS KAP ÜBERLEBEN

Viele Segelschiffe liegen auf dem Meeresgrund bei Kap Hoorn. Schätzungen gehen von 800 gesunkenen Schiffen aus, mit deren Untergang rund 10.000 Menschen den Tod fanden. Damit ist das Gewässer um das Kap der größte Schiffsfriedhof der Welt. Schwierige Strömungs- und Windverhältnisse stellen dort auch heute noch eine Herausforderung für Segler dar.

SCHIFFE VERSENKEN

Warum an einem Ort besonders viele Schiffe stranden oder sinken, kann mehrere Ursachen haben. 1. Die Gewässer sind schwierig. Es gibt Untiefen, schwere Stürme oder häufigen Nebel. 2. Krieg und große Seeschlachten: Schiffe sinken durch Beschuss oder werden mutwillig versenkt, um zum Beispiel Durchfahrten unmöglich zu machen.

VOM WELLENGANG ZUM UNTERGANG

STURMFLUTEN

Wenn ein Sturm über die Nord- oder Ostsee fegt, schiebt er die Wassermassen vor sich her. Dann kann es an den Küsten zu einer Sturmflut, einem viel höheren Wasserstand als sonst kommen. Die Menschen sind zwar durch Deiche vor der Flut geschützt, doch manchmal kommt es vor, dass die Wälle brechen. Dann wird das Land dahinter überflutet.

TSUNAMIS

Ein Vulkanausbruch unter dem Meer oder ein Seebeben kann einen Tsunami auslösen. Das Wasser des Ozeans türmt sich dann zu einer riesigen Welle, die sich rasend schnell über das Meer bewegt. Trifft sie auf die Küste, reißt sie Häuser und Menschen mit sich. Der schlimmste Tsunami ereignete sich am 26. Dezember 2004. Damals verloren mehr als 300.000 Menschen ihr Leben.

⚲ FEHLKONSTRUKTION

Schiffskatastrophen gibt es, seit Schiffe gebaut werden. Die *Vasa*, ein schwedisches Kriegsschiff, startete 1628 zu ihrer Jungfernfahrt. Kennst du den Ausdruck? So nennt man die erste Fahrt eines neuen Schiffes. Es wurde zugleich ihre letzte. Die *Vasa* sank nach wenigen Metern vor dem Stockholmer Hafen, weil eine Windböe das kopflastige Schiff erfasste und zum Kentern brachte. Die Kanonenluken liefen voll Wasser und das Schiff ging unter.

⚲ ERST DER EISBERG, DANN DAS SCHOTT

Auch die Jungfernfahrt der *Titanic* hätte nicht in solch einer großen Katastrophe enden müssen. Der Luxusliner besaß zwar wasserdichte Schotten, das sind Trennwände aus Metall, aber sie schlossen an der Oberseite nicht dicht ab. Es blieb ein Spalt, durch den das Wasser nach dem Zusammenstoß mit einem Eisberg unaufhaltsam das Schiff flutete.

MONSTERWELLEN

Lange Zeit hielt man sie für eine Erfindung von Seeleuten. Inzwischen weiß man, dass auf dem Meer Wellen entstehen können, die mehr als 30 Meter hoch sind. Sie werden „Freak Waves", „Riesenwellen" oder „Kaventsmann" genannt. Auch unter Wasser kann es Monsterwellen geben. Sie werden sogar bis zu 200 Meter hoch.

Lösungen

Seite 16
Wie entstehen Meere?

Himmelskörper 1  ;

Vulkanausbrüche 2  ;

Wolken 3  ; Regen 4

Wie salzig ist das Meer?
Durchschnittlicher Salzgehalt der Ozeane:
etwa 3,5 Esslöffel Salz auf ein Kilogramm Wasser;
Salzgehalt der Ostsee: etwa 2 Esslöffel Salz auf
ein Kilogramm Wasser;
Salzgehalt des Toten Meeres: etwa 32 Esslöffel
Salz auf ein Kilogramm Wasser

Seite 17
Die Aggregatzustände des Wassers

fest: Eiswürfel , Gletscher  ;

flüssig: Wasserflasche  , Teich  ;

gasförmig: Wasserdampf , Geysir

Suchsel

P	K	O	N	T	I	N	E	N	T	T	B	S	E
N	E	Z	M	L	T	R	N	I	T	M	N	A	L
I	R	E	T	B	B	S	E	P	S	A	X	L	V
N	P	A	N	G	Ä	A	R	M	P	B	E	Z	M
E	E	N	C	H	V	R	I	E	B	B	E	W	Z
B	R	T	P	A	E	B	S	E	M	H	V	R	A
N	O	R	D	S	E	E	N	R	T	Z	U	A	G

Seite 18
Weißt du das noch?
1. Die Erde wird auch blauer Planet genannt.

2. Der riesige Urkontinent wird Pangäa genannt.

3. Wasser besteht aus zwei Wasserstoffatomen und

einem Sauerstoffatom.

4. Das Tote Meer ist ein See, der sehr viel Salz

enthält.

5. In der Antarktis befinden sich 80 Prozent aller

Süßwasserreserven.

6. Bewegtes Wasser nennt man Wellen.

7. Bei Flut gibt es Hochwasser.

8. Bei Ebbe zieht sich das Wasser zurück.

Seite 19
Kennst du die Ozeane?

Welcher Ozean ist es?

Pazifik: Unterwassergebirge  ;

Atlantischer Ozean: Nord- und Ostsee sind Randmeere

 ;

Indischer Ozean: Madagaskar liegt dort  ;

Nordpolarmeer und Südpolarmeer: Diese

Ozeane sind häufig von Eis bedeckt.

Seite 46
Viele verschiedene Meeresbewohner

 Hai

 Rotalge

 Delfin

 Krabbe

Meeresschnecke

 Kormaran

 Blasentang

 Albatros

 Garnele

 Seelöwe

Tiefsee-Anglerfisch

 Kalmar

Seite 47
Tier gesucht!

1: Flunder  ; **2:** Schildkröte ;

3: Delfine  ; **4:** Robbe ;

5: Pinguin  ; **6:** Tölpel  ;

7: Krake  ; **8:** Einsiedlerkrebs ;

9: Schwamm

Seite 48
Wer frisst was?

Möwe: Fischbrötchen ; **Hai:** Fische  ;

Seekuh: Algen ; **Bartenwal:** Krill ;

Meeresschildkröte: Quallen ;

Seeotter: Muscheln

Seite 49
Unterschiede finden

Seite 54
Kreuzworträtsel: Schiff ahoi!
1. Steinzeit; **2.** Planken; **3.** Nil; **4.** Einbaum; **5.** Handel;
6. Rohstoffe; **7.** Koggen; **8.** Galeonen; **9.** Wind;
10. Schaufelrad; **11.** Schraube; **12.** Sternen;
13. Himmelsrichtung; **14.** Winkelmessgeräte
Das Lösungswort heißt: **Containerschiff**

Seite 55
Schiffs-Sudoku

71

Seite 60
Lückentext

Das Meer besitzt viele Bodenschätze. Einer der wichtigsten Rohstoffe ist . Salz wird mithilfe von großen Verdunstungsbecken aus dem Meerwasser gewonnen.

Ein anderer interessanter Rohstoff sind . Die schwarzen Knollen enthalten Eisen, Kobalt und Nickel.

Der Wind am Meer wird zur Energiegewinnung genutzt. Dafür werden  aufgestellt. Der Wind treibt die Flügel an.

Auch mit der Kraft der  kann Energie erzeugt werden. Diese treiben Turbinen an.

Unter dem Meeresboden befindet sich Erdöl. Um das Erdöl aus dem Boden zu befördern, werden im Wasser  errichtet.

Seite 61
Gefahren für Tiere im Meer

Plastik am Strand

Fischernetz im Wasser

Mikroplastik

Auslaufendes Öl

Überfischung

Müll im Meer

REGISTER